AVERTISSEMENT.

LE sieur Cressent va exposer incessamment au Public une collection assez considérable de choses curieuses, tant en Tableaux & Bronzes, qu'en Ouvrages d'Ebenisterie, tels que Commodes, Bureaux, Serre-papiers, Secrétaires, Bibliotheques, Boëtes à Pendules, Médailles, &c.

Sa Collection de Tableaux n'est faite, ni au hazard, ni à la hâte, tout y est d'un bon choix ; non-seulement il s'est attaché aux Grands Maîtres, mais même parmi ceux-là, il ne s'en est tenu qu'aux meilleurs: aussi s'en trouve-t-il plusieurs du même Maître.

Pour son Ebenisterie, tout y est recherché ; & quoique le choix de ses Ouvrages soit le même que celui de ses Confrères, l'on peut dire qu'il a pris à tâche de ne rien faire que de très-solide, & mieux approprié que l'on ne le fait communément: ses Commodes sont d'un contour extrêmement simple, mais noble en même tems.

Les Boëtes à Pendules de différentes grandeurs & façons, sont surmontées de quelques Groupes d'un goût nouveau & distingué; voilà à peu près ce que contient le présent Catalogue. Mais pour contenter le Public, toujours curieux de sçavoir les raisons qui peuvent déterminer un particulier à faire un amas si considérable de curiosités, le Sieur Cressent se croit obligé d'en rendre compte.

Elevé dans le Dessein, dans la Sculpture, & dans l'Architecture, sous les yeux d'un Pere aussi connu par ses ouvrages, que par la beauté de son Cabinet, son talent pour les modéles le fit bientôt connoître de ce qu'il y avoit de curieux à Paris, & même de feu Son Altesse Royale Monseigneur le Duc d'Orleans, qui pour se l'attacher le fit son Ebeniste.

Approché de plus près de sa Personne, à la vûe des fameux Ta-

CATALOGUE

DES

DIFFÉRENS EFFETS CURIEUX

DU SIEUR CRESSENT EBENISTE,

DES PALAIS DE FEU S. A. R.

MONSEIGNEUR

LE DUC D'ORLEANS.

Pour satisfaire les Amateurs, lesdits effets seront exposés ~~en vente~~, depuis le p.r ~~Décembre 1756~~, jusqu'au 15 Janvier 1757, chez ledit Sieur Cressent, Rue Notre-Dame des Victoires, au coin de la Rue Joquelet. La Vente Commencera le dt jour 15 ~~jour~~ jour

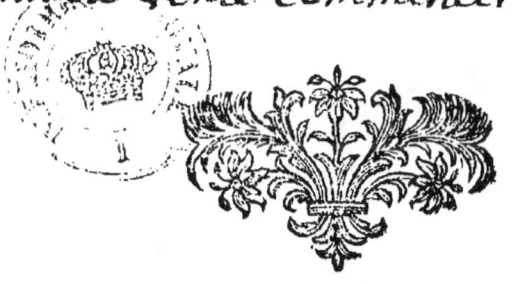

Se distribue

A PARIS, RUE SAINT JACQUES,

Chez BRUNET, Imprimeur-Libraire de l'Académie Françoise.

―――

M. DCC. LVI.

bleaux, dont Son Alteſſe Royale faiſoit tous les jours des acquiſitions; & par une heureuſe diſpoſition dans le Deſſein, il perça bientôt dans ce genre d'Etude ; de façon que lorſque Meſſieurs de Crozat, & de la Chatagneraye préſentoient à Son Alteſſe Royale quelques Tableaux rares, Elle lui faiſoit ſouvent l'honneur de lui demander ce qu'il en penſoit.

Voici l'origine du goût que le Sieur Creſſent fils a toujours depuis ce tems fait paroître pour les Tableaux, & ce qui l'a déterminé à la mort de ce grand Prince, pour ſe ſatisfaire, à ramaſſer ce qu'il a pû de plus beau & de plus précieux ; de ſorte que peu à peu il s'eſt formé un Cabinet aſſez conſidérable, dont il eſpére que les Curieux auront lieu d'être ſatisfaits, & lui feront l'honneur de le venir voir.

Le Sieur Creſſent ſe voit contraint aujourd'hui de quitter totalement ſa profeſſion par ſon âge déja avancé & la foibleſſe de ſa vûe, c'eſt pourquoi il exposera en vente au jour indiqué les effets contenus dans le présent Catalogue, lesquels proviennent en premier lieu du restant de ceux compris dans le Catalogue qui fut imprimé en 1748, & dont la vente n'a été interrompue à la cinquiéme vacation, que parce que plusieurs Seigneurs lui commanderent alors quantité d'Ouvrages d'Ebenisterie, plus magnifiques & plus longs les uns que les autres; en second lieu, de ceux qu'il a acquis depuis lad. année 1748, & d'une augmentation assez considérable de plusieurs piéces de différentes natures exécutées dans la haute perfection.

Il ne sera rien retiré dans cette vente, qui se fera comme à l'ordinaire, au plus offrant & dernier enchérisseur.

Le Sieur Cressent invite les Amateurs de lui faire l'honneur de venir voir les effets contenus au présent Catalogue, un mois avant l'ouverture de ladite Vente, lors de laquelle on mettra sous leurs yeux, & ceux du Public, celui qui fut imprimé en 1748.

CATALOGUE

DES

DIFFÉRENS EFFETS CURIEUX

DU SIEUR CRESSENT.

TABLEAUX

Qui sont restés de ceux compris dans le Catalogue de 1748, pour n'avoir pas été présentés à la Vente.

N°. 1^r N Tableau peint sur bois, représentant la Femme adultére, de deux pieds neuf pouces six lignes de haut, sur deux pieds trois pouces de large, par *J. Bellin*, un des premiers Peintres qui ait peint à Rome en huile, parce qu'avant l'on ne peignoit qu'à fresque ; ce Tableau est d'autant plus curieux, qu'il est d'un coloris & d'une vivacité de pinceau admirable ; *Raphaël* qui est venu après *J. Bellin*, a pris son même coloris.

N°. 2. Un Tableau peint sur toile, représentant un Paysage avec une Chasse, & quantité de Chiens, dont les Figures sont de *Stalbinse*, les Bois & les Châteaux de *Savary*. Il provient de la vente de feu M. le Prince de Carignan ; la composition est si considérable, qu'elle peut aller de pair avec les beaux *Paul Bril*, étant dans le même goût, de sept pieds trois pouces de long, sur cinq pieds de haut.

N°. 3. Un Tableau sur toile de *Valentin*, de sept pieds trois pouces de large, sur cinq pieds de haut, composé de sept Figures grandes comme nature, représentant Dalila occupée à faire couper les cheveux à Samson, tandis qu'elle le tenoit endormi sur ses genoux, un soldat ayant l'épée à la main, prêt à lui percer le cœur, au cas qu'il se reveille : on voit la témerité peinte sur le visage de cette méchante femme.

N°. 4. Un Tableau peint sur toile, représentant un Paysage, avec des maisons entourées d'arbres, & à distance l'on voit une Cabaretiere sur sa porte qui tient un pot à la main, & cinq personnes à table. Plus bas l'on voit une fille à la porte d'une encoignure de maison, qui écoute deux garçons qui content fleurette à une autre fille ; ce qui compose dix Figures. Ce Tableau est de cinq pieds un pouce de large, sur trois pieds six pouces de haut, par *D. Tenire*.

N°. 5. Un Tableau peint sur toile, représentant un Paysage, dont le lointain est des mieux représenté ; les arbres sont faits d'une belle touche, & le ciel est très-clair & chaud : il a cinq pieds six pouces de large, sur quatre pieds deux pouces de haut, de *Dideric Daalens*.

N°. 6. Un Tableau peint sur toile, représentant un retour de Chasse, où sont représentées sept Figures humaines, par *P. Rubens*, cinq chiens, deux liévres, différens gibiers, & plusieurs sortes de fruits, par *Senesdre*. Ce Tableau porte six pieds six pouces de large sur quatre pieds cinq pouces de haut.

Ce Tableau qui fut d'abord exécuté en plus grand, les Figures étant peintes avec leurs pieds, ayant été vû de M. *Vanouque*, Membre de la Magistrature de la Haye, & qui possédoit un des plus beaux Cabinets du Pays, pria *Rubens* de lui en faire un semblable, mais en longueur, attendu que la place qu'il lui destinoit ne permettoit pas qu'il fut si haut, ce qui fit que les Figures de celui-ci ne furent peintes que jusqu'aux genoux. Pour ce qui est du premier il fut vendu à Paris au Roi de Pologne ; à l'égard du second, ou si l'on veut de la répétition, qui est celui dont il s'agit ici, il n'est point douteux qu'il soit de *Rubens* ; l'on ne disconvient pas qu'il n'ait d'abord employé un de ses meilleurs Disciples pour avancer l'ouvrage, & ensuite le retoucher lui-même & le finir, comme ce qu'il a exécuté dans la Gallerie du Luxembourg ; parce que *Rubens* a employé d'abord son meilleur Disciple pour commencer l'ouvrage, dira-t-on pour cela qu'il n'est pas de lui, ne suffit-il pas que ce fameux Peintre se reconnoisse à chaque trait de ce grand Ouvrage ; les Amateurs & Connoisseurs ne pourront disconvenir de l'originalité de ce Tableau, lorsqu'en le considérant ils le verront peint avec toute la force, la vigueur, dont celui-ci se trouve rempli avec toute la perfection & la vivacité que cet homme sans pareil avoit coutume de donner au coloris. Quant à *Senesdre* de qui sont les animaux, les fruits & le gibier, chacun sçait que cet homme si rare qui travailloit de tems en tems pour *Rubens*, & non pour d'autres, ne le faisoit que par l'estime & la considération qu'il avoit pour lui. Il est donc facile de croire, & il eſt aiſé aux non-prévenus & aux connoiſſeurs de remarquer qu'il s'eſt attaché à faire de ſon mieux dans ce Tableau ; ce qui en doit faire connoître le mérite & la valeur.

N°. 7. Un Tableau peint ſur toile, repréſentant une Etude d'une tête de Vierge, grand comme nature ; ce Tableau qui a ſervi de modéle à un Tableau qui eſt chez M. le Duc d'Orléans, repréſente l'Enfant Jeſus ſur les genoux de ſa mere, & derriere eſt Saint Joſeph. Ce Tableau a dix-ſept pouces de haut ſur ſeize pouces de large, il eſt de *Raphaël*.

N°. 8. Un Tableau peint ſur toile de 36, repréſentant Madelaine Pénitente ; l'on reconnoît à ce Tableau qu'il n'y a que de grands Peintres qui ayent pû donner une grace dans leur coloris ; la triſteſſe eſt ſi bien exprimée ſur ſon viſage, qu'on croit voir couler les pleurs de ſes yeux. Du *Titien*.

N°. 9. Une copie de l'Ecole d'Athênes peinte ſur toile par le Carache, de quatre pieds de large ſur trois pieds de haut ; ce Tableau eſt ſi bien peint qu'il peut entrer dans les plus beaux Cabinets.
L'Original de Raphaël a quarante pieds de large, & eſt un des plus beaux de ce grand Peintre ; tout ce qu'il y a de plus ſçavans Peintres ſe ſont fait un plaiſir de le copier. Du *Carache*.

N°. 10. Deux Pendans ſur toile, où il y a à chacun trois Figures allégoriques gracieuſes, ils portent chacun quatre pieds six pouces de haut ſur trois pieds dix pouces de large ; ils ſont parfaitement bien coloriés, & faits par un excellent Peintre d'Italie.

N°. 11. Un Tableau peint fur toile repréfentant un Payfage, de trois pieds dix pouces de large, fur deux pieds dix pouces de haut, de *Francifque*.

N°. 12. Deux Pendans fur toile peints en Italie, dans le goût du *Titien*, repréfentans l'Annonciation de la Vierge; ils portent vingt-trois pouces de haut, fur dix-neuf pouces de large.

N°. 13. Deux Portraits fans bordure peints fur toile, l'un repréfentant un Officier Mofcovite, & l'autre une Dame du même pays, par *Fabricus*.

N°. 14. Un Tableau peint fur toile fans bordure, repréfentant la Scene des douze Apôtres, de fix pieds fix pouces de large, fur quatre pieds fix pouces de haut, par *Baffan*.

N°. 15. Les deux Concerts de M. Caze, toile de 30, faits en 1714.

N°. 16. Deux petits Tableaux peints fur bois, repréfentans des Payfages avec des Figures, de dix pouces de large fur fept pouces de haut, par un Peintre Italien.

N°. 17. Un Tableau peint fur bois devant & derriere, tenant à la porte d'un des Cabinets du Sieur Creffent, repréfentant d'un côté deux Apoticaires, & de l'autre un homme avec fa femme & fes quatre enfans; il a trente-deux pouces de haut, fur vingt-deux de large, de *Holbein*.

N°. 18. Un Tableau peint fur toile, repréfentant une Sainte Catherine de la plus grande force de M. *Boulongne* Peintre recherché ; de quinze pouces de haut fur douze de large ; ce Tableau a été gravé.

N°. 19. Un Payfage peint fur toile, qui n'eft pas des plus finis, de deux pieds de large, fur dix-fept pouces fix lignes de haut, de *Gafpe*.

N°. 20. Un Tableau peint fur toile, repréfentant quatre Soldats qui fe répofent fur un rocher ; plus bas un autre Soldat qui boit à une Fontaine, de dix-neuf pouces de haut fur quinze pouces de large ; il eft de la bonne touche de *Salvator Rofe*.

N°. 21. Un Tableau peint fur toile & appliqué fur bois, repréfentant les fept Œuvres de Miféricorde ; il a deux pieds neuf pouces de large fur deux pieds deux pouces de haut ; de la plus belle compofition, d'un deffein parfait pour la nobleffe des Figures ; il fait un effet merveilleux, de *D. Teniere*.
Ce Tableau provient de la vente de Madame de Gontault, qui en avoit fait un choix des plus plus beaux dans les plus curieux Cabinets ; fon deffein étoit en furvivant à Madame de Verrue de fe fubftituer à fa place, & d'acquérir la réputation de la Dame du meilleur goût pour les plus belles Peintures, en quoi elle a parfaitement réuffie. Il y a dans toutes les attitudes des Figures de ce Tableau, une naïveté qui fait croire que l'on voit véritablement au naturel le fujet qu'il repréfente. Il ne fe trouve prefque point de Tableaux de *D. Teniere* où les Figures foient deffinées d'auffi bon goût.

N°. 22. Un Tableau peint fur toile, repréfentant une defcente de Croix, d'environ quatre pieds de large, fur trois pieds deux pouces de haut, par *Baſſan*.

N°. 23. Un Tableau peint fur bois, de vingt-fix pouces de haut fur 36 de large, repréfentant un Payfage, où eſt un Berger gardant fes moutons fur un rocher au bord d'une riviere à la pointe d'une Forêt, par *Rubens*.

Ce morceau eſt friand & colorié du plus vif pinceau de ce Peintre, le tranfparent en eſt fi clair qu'en le confidérant l'on s'imagine voir au travers de l'eau les herbes & les pierres qui font au fond de cette riviere. Il fe trouve gravé de trois pouces par le haut & d'un pouce par le bas, moins large que la Peinture dans laquelle on remarque cette augmentation. On ne fçauroit abfolument décider fi l'augmentation a été faite par *Rubens*, il fuffiroit de dire qu'elle eſt parfaitement bien d'accord avec le reſte du Tableau.

N°. 24. Deux magnifiques Payfages peints par *Claude le Lorrain*, l'un repréfentant une Marine ornée de beaucoup de Figures avec un Soleil couchant, l'autre un Payfage & un Soleil levant, de trente-fix pouces de large, fur vingt-fept pouces & demi de haut chacun.

Ces deux morceaux recommandables font du meilleur tems de ce Peintre & très-purs, ce qui n'eſt pas ordinaire à fes Tableaux, ils font chauds & remplis de cette belle vapeur ancienne, que *Claude le Lorrain* feul a fçû rendre avec tout fon naturel. Leur forme eſt agréable & propre à trouver place dans les plus beaux Cabinets, n'étant ni trop grands ni trop petits; jamais Tableaux de ce Maître n'ont été mieux choifis pour être pendans, puifque l'un repréfente la fraicheur du matin, & l'autre la chaleur du foir. Il paroît même qu'ils n'ont jamais été défunis depuis qu'ils ont été faits.

N°. 25. Un Tableau fur bois repréfentant un Peintre dans fon Cabinet, qui montre à deffiner à une fille & à un petit garçon; il a onze pouces de haut, fur neuf pouces de large, de *Miris le Fils*.

N°. 26. Un Tableau ovale fur toile, repréfentant le portrait de *Vandick*, peint & gravé par lui-même jufqu'au colet. L'habillement eft peint par *Rigaud* premier Peintre du Roi ; le Sieur Creffent l'a acheté après le decès dudit Sieur Rigaud, de vingt-cinq pouces de haut, fur vingt-un pouces de large, par *Vandick*.

N°. 27. Un Tableau peint fur bois, de trois pieds neuf pouces de large, fur deux pieds deux pouces fix lignes de haut, repréfentant le combat des Amazones, par *P. Rubens*.
Ce Tableau eft la premiere compofition de *Rubens*, lorfqu'il entreprit de repréfenter le combat des Amazones, dans lequel il n'a rien épargné pour faire voir la force de fon Pinceau, toutes les Figures, tant d'hommes que de femmes & de chevaux prefque innombrables, quoi qu'en racourci, y font un effet fi furprenant, & y font peintes avec tant d'Art, qu'il n'eft point de termes affez énergiques pour en faire fentir toutes les beautés, il fuffira de dire que c'eft un des beaux chef-d'œuvres de cet excellent homme, qui y a employé fon vafte génie pour le rendre parfait ; il y a fait paroître la lumiere & une rondeur, d'une façon toute différente de celle des autres Peintres. Les Figures y paroiffent toutes

ifolées, & femblent être animées & fe mouvoir. Cela même fe trouve fi bien exprimé, qu'en les confidérant avec attention vous croyez vous trouver à ce fpectacle, & préfent à cette fameufe bataille ; ce Tableau plût fi fort, lorfqu'il parut, qu'il en fut commandé un grand de dix pieds, pour lequel *Rubens* employa les principaux fujets de celui-ci ; fa grandeur lui donna lieu d'y peindre le Combat fur le Pont, au lieu qu'en celui ci il eft au bas du Pont ; le grand Tableau eft gravé, il fera aifé d'en faire la comparaifon ; pour ce qui eft de celui dont il eft queftion ici, il eft digne d'entrer dans les plus fuperbes Cabinets, il eft dans une bordure du plus grand goût, des mieux fculptée & dorée.

N°. 28. Un Tableau peint fur toile, repréfentant le Portrait de Languian, peint avec une main, de trois pieds huit pouces de haut, fur deux pieds neuf pouces de large. La fierté avec laquelle il eft reprefenté, fait affez connoître le pinceau de *Vandick*.

N°. 29. Un Tableau peint fur toile, repréfentant un Payfage, plus beau qu'un *Gafpe*, tant le Ciel eft admirable, les arbres font très-bien feuillés, les montagnes tiennent beaucoup de *Salvator Rofe*, les Figures en font fort bien deffinées. Au bas eft une montagne où l'on voit un Boucher, qui conduit un Cheval chargé de peaux d'animaux, au milieu eft une riviere où il y a un Bateau rempli de perfonnes qui vont fe baigner, & au-devant deux hommes qui nagent, il porte trois pieds de large, fur deux pieds neuf pouces de haut, de *Noquatelly*.

N°. 30. Le Portait de la Mere de *Languian*,

peint fur toile par fon fils alors contemporain de *Vandick*, toile de vingt-cinq, par *Languian*.

N°. 31. Un Tableau peint fur toile, repréfentant un Payfage avec deux Perdrix & un Liévre, de dix-huit pouces de large, fur quatorze pouces de haut, de *Vamboue*.

N°. 32. Un Tableau peint fur bois, repréfentant un jeune homme dans un Cabinet, qui fait lecture de plufieurs Livres, qui font fur une Table devant lui, de dix-huit pouces de haut, fur quinze pouces de large, *de Scalfe*.

N°. 33. Un Tableau peint fur toile & fur bois, repréfentant un Corps de garde, où l'on voit plufieurs Soldats, il eft peint de la plus grande force, & porte feize pouces de large, fur onze pouces de haut, de *Salvator Roze*.

N°. 34. Un Tableau Payfage peint fur toile ovale du premier tems de *Claude le Lorrain*, de quinze pouces de hauteur fur dix-huit pouces de large.

N°. 35. Un Tableau peint fur bois, repréfentant une Cuifine où eft un Enfant qui dort auprès d'une jeune Fille qui file, & un Vieillard qui la careffe; dans cette Cuifine il y a des chaudrons, & quantité d'herbages, il eft auffi beau qu'un *Girardon*; il eft de dix-huit pouces de large, fur quinze pouces de haut, de *Bourdon*.

N°. 36. Un Tableau peint fur toile, formant un des plus beaux Payfages, il y a un Arbre auffi beau que le plus beau de *Claude le Lorrain*, le lointain compofé dans un Pays plat d'une longueur

gueur confidérable; de vingt-quatre pouces de haut, fur vingt pouces de large, par *Kereme*.

N°. 37. Un Tableau peint fur bois, repréfentant un homme qui joue du Luth, & une jeune fille qui l'accompagne avec une Flute. Il eft parfait, & a douze pouces de haut fur neuf pouces fix lignes de large, par *D. Teniere*.

N°. 38. Un Tableau peint fur toile, grand comme nature, repréfentant une Charité fous la figure d'une Femme qui a eu trois Enfans, deux Garçons & une Fille, il paroît qu'elle fait allaiter les deux Garçons par une Chêvre, & nourrit fa Fille, qui paroît beaucoup plus délicate que les Garçons. Il eft de cinq pieds de large, fur trois pieds dix pouces de haut, par *Kalfiliany*.

N°. 39. Un Tableau peint fur bois, repréfentant le Mardy-Gras qui fe bat contre le Carême, de vingt pouces de large, fur quatorze pouces de haut, de *Braore*.

N°. 40. Un Tableau peint fur bois, repréfentant une Vierge affife, qui tient l'Enfant Jefus fur fes genoux. Il eft parfaitement bien peint, les couleurs en font très vives, de vingt-neuf pouces de haut fur dix-neuf de large, d'*Albert Dur*.

Tableaux que le Sieur Creffent a acquis depuis fa derniere vente.

N°. 41. Un Tableau peint fur toile, repréfentant Mars & Venus avec des enfans qui jouent avec fes attributs, colorié comme Rubens; de cinq pieds fix pouces de haut, fur quatre pieds fix pouces de large, de *Padouanin*.

B

N°. 42. ⎫ Deux Tableaux Payſages peints ſur
& 43. ⎭ toile, l'un repréſentant des Vaches,
un homme qui les garde, une femme qui traye
une vache, l'autre un Pêcheur avec ſon filet, &
un groupe de Figures, d'un pied onze pouces
de large, ſur dix-neuf pouces de haut, par *d'Armand d'Italie*.

N°. 44. ⎫ Deux Tableaux Payſages repréſen-
& 45. ⎭ tans beaucoup d'Animaux & de
Figures, propres à mettre dans les plus beaux
Cabinets; de trente-un pouces de large, ſur
vingt-deux pouces ſix lignes de haut, dans de
belles bordures, de *Claude le Lorrain*.

N°. 46. Plus une Marine avec une fort belle
Architecture, où l'on voit un Capitaine de Vaiſ-
ſeaux dans une Chaloupe venir aborder à un
Château bâti ſur le rivage pour y demander la
ſubſiſtance pour ſon Bâtiment; il a quatre pieds
de large ſur deux pieds de haut, de *Claude le Lorrain*

N°. 47. Un Payſage où l'on voit une Charrê-
te, un défilé de Troupes & pluſieurs Chevaux,
il a deux pieds ſept pouces de large, ſur vingt-
un pouces ſix lignes, de *Vaudremeulens*.

N°. 48. Un Tableau repréſentant l'Enleve-
ment d'Europe, accompagnée de pluſieurs petits
amours, un fort beau Groupe de Figures, un
beau lointain; de deux pieds cinq pouces de large
ſur vingt-deux pouces de haut, de *l'Albâne*.

N°. 49. Un Tableau repréſentant une alte de
Soldats, il a dix-neuf pouces ſix lignes de large
ſur quinze pouces de haut. La Peinture de ce Ta-

bleau approche de la beauté de l'émail, les Chevaux tant en racourci que de toute posture sont d'un dessein surprenant, & sans offenser les curieux, on peut dire que c'est un chef-d'œuvre de *Vauvermens.*

Nº. 50. ⎫ Deux Portraits pendans peints sur
& 51. ⎭ bois, dont l'un représente le Portrait de Rimbrandt, l'autre une jeune fille dans le gout de la Crasseuse... de deux pieds six pouces de haut sur deux pieds de large, de *Rimbrandt.*

Nº. 52. Un Magnifique Paysage peint sur bois, estimé par une partie des grands Curieux être de Paul Bril, par l'autre de Brugher de Velours, tant la Forêt se trouve feuillée d'un goût parfait; l'on voit dans le percé de la Forêt sur le devant deux Figures, espéce d'Ath...nte peintes par *Rottenamer*, la Forêt par *Vi...onne*, qui étoit Maître de *Paul Bril*, & de *Brugher de Velours.*

Nº. 53. ⎫ Deux Pendans peints sur bois, de
& 54. ⎭ vingt-quatre pouces six lignes de large sur quatorze pouces six lignes de haut, représentans des Joueurs au Brelan, dont l'un est un Bourguemestre jouant contre un Juif, qui vient de donner 31 dans les mains du Bourguemestre, l'on voit un de ces Bonneteurs qui fait la grimace au Bourguemestre pour l'amuser, tandis que le Juif se va donner un Brelan. Il y a huit Figures dans chaque Tableau. L'autre représente des Menuisiers qui jouent aux Cartes avec un jeune homme. *D. Tenier*

Nº. 55. Un Tableau représentant un Paysage où est un Abbreuvoir & des Baigneurs; dans le lointain on voit un Pont où passe la Riviere, il y a quantité de Figures & de Chevaux qui portent des Balots. La composition de ce Tableau est surprenante en beauté, de *Vauvermens*.

N°. 56. Un Tableau représentant le Rivage de la Mer, & un grand & bel Arbre sur le devant. Dans le lointain l'on apperçoit plusieurs Vaisseaux & plusieurs Figures, l'on y voit une vapeur qni n'appartient qu'à un grand Maître tel que Claude le Lorrain, il est de quatre pieds un pouce six lignes de large sur deux pieds un pouce de haut.

N°. 57. Un Magnifique Paysage, représentant le Samaritain, il est excellent par sa touche, & surprenant par sa composition, les Arbres en sont parfaitement feuillés. Il est de cinq pieds deux pouces de large sur quatre pieds deux pouces de haut, de *Berghem*.

N°. 58. Un Tableau représentant une Cuisine dans laquelle est une vieille femme qui file, l'on y voit un Canard qui est pendu, des ustenciles de cuisine & plusieurs légumes, il est de deux pieds huit pouces de large sur vingt-un pouces de haut, de *Teniere* sur ses derniers ans.

No. 59. Un Portrait avec les deux mains peint sur bois, de deux pieds un pouce six lignes de large sur trois pieds trois pouces six lignes de haut, par *le Titien*.

No. 60. Une Vierge avec l'Enfant Jesus sur ses genoux, S. Joseph au-dessus, & S. Jean; pastiges de Teniere d'un pied deux pouces neuf lignes de large sur un pied de haut, de *D. Teniere*, dans le goût de *Benedet*.

N°. 61. Un Tableau peint fur toile, repréſentant une Figure de Femme toute nue couchée ſur un Lit dans le goût de Paul Veroneſe, de dix-huit pouces de large ſur treize pouces de haut, de *D. Teniere*.

N°. 62. Un Tableau, repréſentant un fort beau Payſage avec pluſieurs Figures. L'on y apperçoit Mercure deſcendre des Airs ; il a ſix pieds ſept pouces de large ſur quatre pieds ſept pouces de haut, de *Franciſque le Pere*.

N°. 63. Un Tableau peint ſur bois, copié par un habile homme de l'Académie Royale, ſur celui du Roi, fait par *Miris*. Il eſt inconcevable comme il eſt imité, le bas relief & les Enfans qui ſont à la Table, enſemble les deux Figures avec les Animaux ſont ſi parfaits, que les plus ſublimes Curieux le prendroient pour Original de *Miris*, s'ils n'étoient perſuadés qu'il a été copié à plaiſir par le Sieur *Deſliens*, & pour rendre juſtice au Sieur *Deſliens*, ſans faire tort à tous les Académiciens, il eſt le ſeul pour un tel chef-d'œuvre.

N°. 64. ⎱ Deux Pendans peints ſur toile, re-
& 65. ⎰ préſentans des Marines d'*Armand d'Italie*, il a pris plaiſir à les peindre, comme étans les uniques qu'il ait peint en ſa vie. Ils ont vingt-trois pouces de largeur, ſur dix-neuf pouces de hauteur.

N°. 66. Un Tableau peint ſur toile, repréſentant les Nôces de Cana, portant deux pieds trois pouces de large, ſur dix-neuf pouces de haut, du *Bonfrancque*.

N°. 67. Un Buste avec ses mains, représentant Lucrece qui vient de se plonger son Poignard dans le sein. Ce Tableau peint sur toile a été apporté de Rome, se trouvant sans nom de Peintre, l'on ne peut dire au juste celui qui l'a fait, il suffit que l'on le garantit un Magnifique Original, de trois pieds quatre pouces de haut, sur deux pieds huit pouces de large.

N°. 68. Un Tableau peint sur bois, représentant Achile reconnu, on peut dire avec justice que les Figures, les Vases, les Bijoux, les Tables & les Tapis sont peints dans la derniere perfection de l'Art. Il a vingt pouces de large, sur seize pouces six lignes de haut, du *Bonfranque.*

N°. 69. } Deux Tableaux pendans, un de *Rubens*, l'autre de *Jourdans* de vingt-trois pouces de large sur dix-neuf pouces de haut, il y a dans ces deux Tableaux beaucoup de Figures Historiques.
& 70.

N°. 71. Un Magnifique Paysage peint sur toile aussi beau qu'un *Gaspe*, représentant plusieurs Figures dans le Lointain, & sur le devant on y voit un homme qui conduit une Femme montée sur un Asne. Ce Tableau a deux pieds dix pouces de large sur deux pieds trois pouces de haut, & est original.

N°. 72. Un Tableau peint sur toile, représentant un Panier plein de Raisin & autres Fruits, de deux pieds six pouces de large, sur deux pieds de haut.

N°. 73. Un Tableau peint sur bois, représentant la Madelaine en pénitence, de trois pieds de haut, fur deux pieds fix pouces de large, du *Titien*.

No. 74. Un Tableau peint fur toile, repréfentant un Chien, un Belier, avec deux Poules & un Canard, de quatre pieds de large, fur trois pieds de haut.

N°. 75. Un Tableau peint fur toile, repréfentant la force qui détruit l'Hydre & l'Envie. Il a quatre pieds huit pouces de large, fur cinq pieds trois pouces de haut, de M. *Voites*.

N°. 76. Un Tableau peint fur toile, repréfentant la Vertu que l'Amour veut féduire, en lui faifant préfenter par l'Envie quantité de Bijoux, il a quatre pieds deux pouces de haut fur trois pieds deux pouces fix lignes de large, de *Jourdans*.

N°. 77. Un Tableau peint fur toile fans bordure, repréfentant Cleopatre à demi-corps, ayant fes deux mains, piquée d'un Vipere, il eft peint dans le goût du *Guouarchin*.

N°. 78. Une belle Copie du S. Jean de *Raphael*, de la même grandeur de celui qui eft au Palais Royal.

N°. 79. Un Tableau peint fur toile, repréfentant une Reine qui a été furprife, tenant en fes mains le Portrait du Général de l'Armée de fon mari, il lui donne le choix de périr par l'Epée ou par le Poifon, & elle choifit le Poifon; ce Tableau a quatre pieds trois pouces de large, fur trois pieds trois pouces de haut.

N°. 80. Il se trouve encore quantité de Tableaux & quantité d'Ouvrages d'Ebenisterie, que ledit sieur Cressent n'a pas jugé à propos de mettre dans son Catalogue, qui sont à l'usage de sa profession, qui seront vendus.

Etat des Bronzes & Porcelaines, & autres Curiosités.

N°. 81. & 82. } Deux Figures de Bronze, l'une représentant Jupiter, de M. *Girardon*, & l'autre un Mars de M. *Hangaire*, portant vingt-un pouce de haut : ces deux Figures ont été réparées par le sieur Cressent en 1714, pour M. *Girardon*. L'on remarquera que tout l'Art de la Sculpture y est conservé, & l'on peut dire que ces deux Figures peuvent entrer dans les plus beaux Cabinets.

N°. 83. & 84. } Deux autres Bronzes de vingt-un pouces, plus fortes que les précedentes, dont l'un représente les Luteurs, & l'autre Caïn qui tue son frere Abel.

N°. 85. & 86. } Deux autres de même grandeur, de vingt-un pouces, dont l'un représente Amphitrite, & l'autre la Figure de Mars, pour être pendant.

N°. 87. Un Athalante de même grandeur.

N°. 88. Une Diane de même grandeur.

N°. 89. Un Zephir de même grandeur.

N°. 90. Venus qui considére l'Amour, dans son char sur un rocher.

N°. 91. Andromêde enchaînée à une rocher, réparée *par le fieur Creffent*, pour M. le Lorrain, qui en a fait le modéle.

N°. 92. & 93. } Deux Groupes, le Centaure qui enleve une Sabine, l'autre Paris, qui enleve la belle Helene.

N°. 94. & 95. } Deux Figures, une écorchée, l'autre une Danfeufe qui danfe au fon de fes Claques, de onze pouces de haut.

N°. 96. Un petit Bufte de Louis XIV.

N°. 97. Une feconde Figure d'Athalante, comme la précédente.

N°. 98. Un Hermafrodite couché fur un matelas, de quinze pouces de proportion.

N°. 99. Un Satyre qui tient un bâton de deux pieds de haut.

N°. 100. Une Diane qui dort, ayant l'Amour à fes côtés, qui joue avec fon Arc, & deux Chiens qui l'accompagnent, de deux pieds huit pouces de proportion, de Marbre blanc.

N°. 101. & 102. } Deux Buftes de Bronze, l'un préfente l'Amérique, & l'autre Flore. Toutes ces Piéces de Bronze montées fur des pieds d'Ebenifterie en partie, & dorées d'or moulu.

N°. 103. & 104. } Deux magnifiques Potpouris de Porcelaines, garnis de Bronze, dorés d'or moulu, tant aux pieds qu'aux cornets.

N°. 105. Un Groupe de deux Figures ; une fille & un garçon de Porcelaine, qui lui vole fon Moineau de dedans fa cage, & un Chien de Porcelaine de Saxe du plus beau.

N°. 106. Un Groupe de deux Figures. Mezetin & Scapin qui lui paffe entre les jambes, Porcelaine de Saxe.

N°. 107. Un groupe de deux Figures, Porcelaine de Saxe, Scapin qui montre une Andouille à une jeune fille qui veut lui arracher le nez.

N°. 108. Une petite Chaffeufe en Amazone de Saxe.

N°. 109. Une magnifique Fontaine à fleurs de Lila, avec cinq Enfans de Porcelaine de Saxe, garnie magnifiquement d'une Cafcade d'eau, de Bronze, dorée d'or moulu.

N°. 110. Quatre Cornets de Porcelaine blanche, ornemens bleus.

N°. 111. Cinq grands plats de Porcelaine.

N°. 112. ⎫ Deux Crucifix de buis, les bras
& 113. ⎭ tout d'une piéce, fur une Croix de bois Amarante faits par Creffent.

N°. 114. Trois Pagodes de femences de Perles, garnies de pierres fines.

N. 115. Cinq à fix autres animaux, garnis de Nacre de Perle.

Etat des Ouvrages d'Ebenisterie.

N°. 116. Premierement, un magnifique Bureau, & fon Serre-papier, portant fa Pendule, enrichie d'une Diane qui tient un Arc, avec un Enfant qui va donner du Cor. Aux deux flancs fur un bord de bois eft un Cerf arrêté à la gorge par un Chien. L'autre côté eft un Sanglier coëffé par un Dogue de Bronze, & le Bureau a dix tiroirs : il n'occupe que la place des Bureaux que l'on fait ordinairement à trois tiroirs : il eft orné de Têtes, Ornemens & moulures convenables au Serre-papier, le tout doré d'or moulu, de fix pieds fix pouces de long, fur trois pieds de large, de bois d'Amarante & de bois Satiné.

N°. 117. Un pareil Bureau de même grandeur, les modéles font employés de même que ci-deffus.

N°. 118. Un Bureau & fon Serre-papier, portant fa Pendule, d'une autre compofition que le précédent, le tout de même bois, & garni de fes Bronzes, doré d'or moulu, portant cinq pieds huit pouces de long, fur deux pieds neuf pouces de large.

N°. 119. Un autre petit Bureau moins garni de Bronze, doré d'or moulu, de quatre pieds quatre pouces de long, fur deux pieds quatre pouces de large, de même bois que les précédens, avec fon Serre-papier.

N°. 120.
121.
& 122. } Trois Commodes à la Harant, les Ornemens en Bronzes, dorés d'or moulu, de quatre pieds fix pou-

ces de long, à porte par les côtés.

N°. 123. } Deux Commodes à la Fontaine,
& 124. } garnies de leurs Bronzes, dorées d'or moulu, Marbre de

N°. 125. ⎫ Quatre magnifiques Commodes,
126. ⎬ garnies de Bronze, avec des En-
127. ⎬ fans qui font voltiger un Singe
& 128. ⎭ fur la corde, dorées d'or moulu. Les Marbres font de Brocatelle, les autres font de Serracolin, de quatre pieds fix pouces.

N°. 129. } Deux Commodes à la Baquolet,
& 130. } une de quatre pieds fix pouces, l'autre de quatre pieds deux pouces ; les Bronzes dorés d'or moulu, & les Marbres d'Italie.

N°. 131. Une Commode à la Bagnolet, à trois tiroirs, le Marbre Flandre du plus beau, fes Ornemens de Bronze, dorés d'or moulu.

N°. 132. Une Commode de quatre pieds, marbre Brêche violete, les Bronzes repréfentent deux Enfans qui rapent du Tabac, au milieu eft un Singe qui fe poudre de Tabac, dorés d'or moulu.

N°. 133. } Trois Commodes à la Chartres,
134. } garnies de Bronzes, dorés d'or
& 135. } moulu, de quatre pieds fix pouces, les Marbres d'Italie.

N°. 136. ⎫ Quatre belles paires d'Encoignu-
137. ⎬ res, avec leurs Marbres pareils
138. ⎬ aux quatre Commodes, & le même
& 139. ⎭ bois, fous les N°. 125, 126, 127

& 128 : elles font fort riches d'Ornemens ; il y a deux Enfans, dont l'un joue de la Flute, & l'autre du Tambour de Basque : ils font danser un Chien sur la corde, le tout doré d'or moulu, de deux pieds; des quatre Marbres, deux de Brocatelle, & deux de Serracolin : ils sont faits pour les quatre Commodes à Singes.

N°. 140.
141.
& 142. } Trois autres paires d'Encoignures de même bois, assortissantes aux autres Commodes, garnies de Bronzes à Palmes & fleurs, dorées d'or moulu, les Marbres d'Italie, de deux pieds.

N°. 143.
& 144. } Deux autres paires d'Encoignures des mêmes bois que les plus riches Commodes : elles représentent la Pipée des Oiseaux ; il s'en trouve six sur un arbre de chêne, dont à la touffe du milieu il y a un Hibou de Bronze, doré d'or moulu. Les Marbres de même que les Commodes d'Italie, de deux pieds.

N°. 145.
& 146. } Deux magnifiques Medailles, dont les Ornemens sont de Bronze. Les Medaillons des douze Empereurs sur les deux Pilastres, au milieu est un Relief représentant trois Enfans occupés à frapper des Medailles sur une espéce de pied, où sont les Portraits du Roi & du Dauphin ; le soutien du pied sont des Généraux d'Armée ; au milieu du pied un grand Tiroir, d'où il se tire une Table pour les Cartons à Medailles : cet Ouvrage est sans prévention digne d'être posé chez les personnes qui sont les plus amateurs de la curiosité ; il faut le voir pour en dire son sentiment.

N°. 147.⎫ Deux Bibliotéques de bois fatiné
& 148. ⎭ à deux portes cintrées par la cor-
niche, dont l'un eft à porte percée, & l'autre
pleine : les Pilaftres enrichis de baguettes & ornemens de Bronze, ainfi que les portes, de quatre pieds de large, fur fept pieds neuf pouces de
haut, mis en couleur d'or.

Etat des Pendules.

N°. 149.⎫ Deux Pendules de Marqueterie,
& 150. ⎭ dont les Bronzes font parfaitement réparés, avec leurs pieds fort riches en
couleur d'or, avec leurs mouvemens, de quatre
pieds fix pouces de haut.

N°. 151. Une Pendule à face de Bronze, le
corps de bois de chêne, la compofition repréfente un Tems volant avec fa faux, prêt à trancher
le fil de la vie à un Enfant qui eft dans un Rocher, qui en appercevant le tems abandonne
fon carquois & fon arc. L'effroi qui paroît fur
le vifage de cet Enfant fait un effet des plus
finguliers, les Ornemens qui renferment le Cartel font de bon goût, dorés d'or moulu, avec
mouvement. Elle porte trois pieds de haut.

N°. 152. Une autre Pendule de même que la
précédente, felon les modéles que le fieur Creffent a employé dans celui-ci, dorée d'or moulu,
avec fon mouvement.

N°. 153.⎫ Deux belles Pendules à pied de
& 154. ⎭ bois Amarante, & bois fatiné, les
Bronzes font faits du meilleur goût, & fans fe
flatter, elles font les plus belles que l'on puiffe

trouver dans Paris : une des deux eſt le modéle ;
la hauteur des bouts des aîles du tems eſt de quatre pieds ſix pouces, dorées d'or moulu, le mouvement eſt à ſecondes.

N°. 155. ⎞ Deux Boëtes de Pendules à ſe-
& 156. ⎠ condes, avec de beaux Bronzes
mis en couleur, ſans mouvement.

N°. 157. Une Pendule à face de Bronze ſur
ſon pied tout de Bronze : elle eſt coëffée d'un
Enfant ſur un nuage ; au pied il y a deux Dra-
gons, avec une tête de Lyon qui ſort par un
trou. On laiſſe aux Curieux à en dire leur ſen-
timent, dorée d'or moulu, avec ſon mouvement,
de quatre pieds de hauteur.

N°. 158. Une Pendule avec le pied tout d'une
piéce : elle eſt coëffée d'une tête d'Appollon avec
des branches de Laurier, & au-deſſous du Cadran
eſt un Enfant qui tient un Sabre, le tout doré
d'or moulu, hauteur de deux pieds dix pouces,
compris le mouvement.

N°. 159. ⎞ Deux Pendules de Marquette-
& 160. ⎠ ries, miſes en couleur, ſans mouvement.

N°. 161. Une Pendule, dans ſa chambre de
compagnie, de trois pieds de haut, coëffée d'une
Diane & un Enfant ſur des nues, de Bronze,
dorée d'or moulu en cartel.

N°. 162. Un Luſtre à ſix bobéches, de Criſ-
tal de Roche, moyenne grandeur, compoſé de
piéces très-choiſies.

État des Feux & Bras.

N°. 163. Dans son Salon, à la cheminée, un Feu qui représente deux Sphinx, dont un badine avec un Chat, & l'autre avec un Singe, montés sur deux pieds, du plus grand goût. Les Amateurs remarqueront que ces Sphinx ne sont point traités comme ceux qui se font ordinairement pour des Feux, ceux-ci peuvent être considérés comme ce qu'il y a de mieux traité en France, garni de ses agraffes dorées d'or moulu.

N°. 164. & 165. } Deux paires de Bras à trois branches, tant au trumeau de la cheminée du Salon, qu'à celui qui est vis-à-vis, faits pour cadrer avec la grille, dorés d'or moulu.

N°. 166. & 167. } Dans la Gallerie, deux paires de Bras à trois branches, dorés d'or moulu.

N°. 168. Dans la Salle de Compagnie, un Feu qui représente de chaque côté un Salamandre de Bronze, doré d'or moulu.

N°. 169. & 170. } Deux Trumeaux de la chambre de Compagnie, deux paires de Bras à trois branches, avec un Perroquet, dorés d'or moulu.

N°. 171. & 172. } Dans la chambre à coucher, un Feu & une paire de Bras à deux branches, & un Perroquet de Bronze, dorés d'or moulu.

N°. 173.

N°. 173. Dans son Cabinet, un Feu & une paire de bras à deux branches, dorés d'or moulu.

N°. 174.
175. } L'on trouvera dans les Apparte-
& 176. } mens du sieur Cressent, trois Cheminées de Marbre de Serracolin le plus beau, sans mastic ; ce qui ne se trouve pas dans ces Marbres fins, garnis de têtes de Bronze sur les côtés, & un Cartel dans le milieu, où l'on voit une Salamandre sur son foyer, avec des agrafes de Bronze, dorés d'or moulu, de quatre pieds dans œuvre.

N°. 177. }
& 178. } Deux autres Cheminées de Marbre d'Antin, que l'on nomme Verette, garnies de leurs Bronzes, dorés d'or moulu, de quatre pieds dans œuvre.

N°. 179. Une Medaille ovale de Marbre blanc, bas relief représentant le Portrait de Louis I V, de deux pieds six pouces de haut.

N°. 180. Les douze Empereurs, grands comme nature, en Medailles de Bronze en couleur, montées sur des fonds de bois de poirier noirci, dans leurs bordures dorées.

N°. 181. Un petit Cabinet d'Ebeine, où il y a des Tableaux de Pierreries les plus précieuses, comme Jaspe sanguin, Gad, Jaspe fleuri, Agatte & autres ; artistement incrustées dans toute l'Architecture d'Ebeine, une grande quantité de tiroirs, les Bronzes en sont dorés ; monté sur un pied de bois doré, de deux pieds huit pouces de haut, sur deux pieds deux pouces de large.

APPROBATION.

J'AI lû par ordre de Monseigneur le Chancelier un Manuscrit, qui a pour titre : *Catalogue des différens Effets curieux du sieur Cressent, Ebeniste* ; je n'ai rien trouvé qui puisse en empêcher l'impression. A Paris, ce 13 Août 1756.

DE MAIROBERT.

www.ingramcontent.com/pod-product-compliance
Lightning Source LLC
Chambersburg PA
CBHW030104230526
45471CB00003B/1250